AF403843

LETTRE

SUR LA CÉLÉBRATION

DU 21 JANVIER 1815,

DANS L'ÉGLISE RÉFORMÉE DE PARIS.

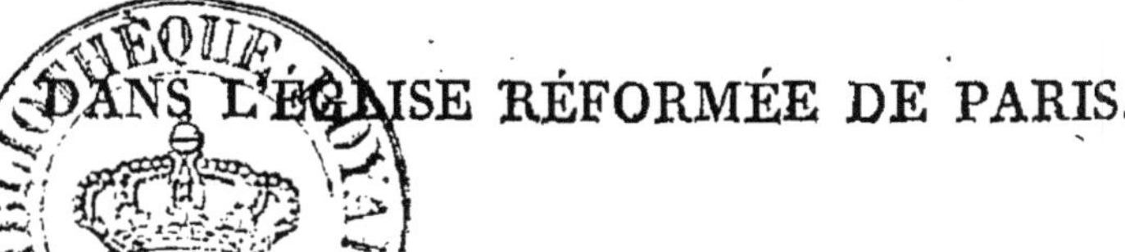

DE L'IMPRIMERIE DE D'HAUTEL,
rue de la Harpe, N°. 80.

A MESSIEURS

LES RÉDACTEURS DU . . . . (1).

J'AI pensé, Messieurs, qu'on ne verrait pas
sans intérêt dans votre estimable journal
quelques détails sur une célébration reli-
gieuse du 21 janvier, dont j'ai été témoin, et
c'est ce qui me décide à vous les adresser. Il
s'agit de celle qui a eu lieu au principal
Temple de la Communion Réformée de Paris,
ci-devant l'Eglise de l'Oratoire. (2) J'y fus
conduit par la curiosité, et j'avoue que je
n'en ai pas eü de regrets. Le service divin
commence ordinairement chez les Protestans
par la lecture de quelques chapitres de la

____

(1) Sur le refus d'insertion, on a pris le parti d'im-
primer séparément cette lettre, après en avoir obtenu
l'agrément de M. Marron.

(2) La même célébration a eu lieu au Temple de la
rue Saint Antoine, par le ministère de M. le Pasteur
Monod.

1

Bible, lecture confiée à un laïc nommé *ad hoc*, et au bout de laquelle seulement le prédicateur monte en chaire. Je n'ai pas trouvé cette fois le lecteur accoutumé ; il était remplacé par un ministre de province que l'on m'a dit être le pasteur d'Orange, M. *Martin-Rollin*, et j'ai également appris que la lecture qu'il faisait, était extraite du Formulaire consacré dans l'église Anglicane pour la célébration annuelle du martyre politique de Charles Ier. (1) L'idée de cette adoption m'a paru heureuse ; l'auditoire écoutait le lecteur dans un profond recueillement. M. *Marron*, doyen des Pasteurs de l'église Réformée de Paris et Président de son Consistoire (2), est ensuite monté en chaire.

-----

(1) Nous donnerons textuellement cette lecture à la suite de cette lettre.

(2) M. *Marron* n'a rien été, pendant toute la durée de la révolution, que Pasteur de son église, qu'alors il desservait seul, bien que, par l'adjonction du décadi au dimanche, unique moyen de conserver ce dernier, la charge fût double de ce qu'elle est aujourd'hui pour trois. Si quelque chose a signalé M. Marron durant le cours de nos troubles politiques, ç'a été son aversion pour le jacobinisme. Deux fois seulement

Après une courte invocation, il a prononcé une prière pleine d'élévation et de sentiment. Il n'est rien de plus édifiant que cette partie du culte chez les Réformés, et M. *Marron* m'a semblé se surpasser lui-même. J'en ai *sténographié* ces phrases :

« Il nous a laissé l'exemple des plus sublimes
« vertus, celui que le déchaînement des
« passions les plus aveugles, les plus impla-
« cables, précipita du trône pour le faire
« mourir sur un échafaud : pouvons-nous
« mieux l'honorer, Seigneur, qu'en imi-
« tant sa sainte confiance en toi, sa pieuse
« résignation, sa persévérance inébranlable,
« sa céleste douceur, sa charité presque sur-
« humaine dans le noble et sincère pardon
« de ses ennemis? Quand le bien public,
« non moins que ce grand exemple, nous
« commande un généreux oubli, ô! puis-

---

il s'est mis un peu en avant; la première, pour se réunir à la société des *Feuillans*, dans laquelle il s'était plu à voir une digue opposée au débordement du jacobinisme; la seconde fois, dans le mouvement sectionnaire dirigé contre la Convention régicide, mouvement que fit avorter le 13 vendémiaire.

« sent tous les Français sentir et acquitter à
« l'envi ce devoir sacré, cette obligation
« éminemment propre à guérir, à consoli-
« der nos plaïes ! Qu'une émulation hono-
« rable efface jusqu'aux dernières traces de
« tous sentimens de haîne d'exaspération,
« de vengeance ! le Roi-martyr se montra
« digne de marcher sur les traces du Sau-
« veur du monde; malheur à nous, si nous
« trouvions difficile, impraticable, ce qui
« ne lui coûta point d'efforts, parce que
« l'esprit de l'Evangile était le sien ! ».....
Après la prière, M. *Marron* a annoncé son
texte, tiré du 1er. livre de Samuël, ch. xx,
v. 32, et que voici : *Qu'a-t-il fait ?*

Ces paroles expriment un honorable refus
d'obéissance émané de Jonathas, là où Saül,
son père, lui commande le meurtre de Da-
vid ; elles sont précédées de celles-ci : *Pourquoi le ferait-on mourir ?* « Je n'ai adopté
« pour sujet de mon discours, (a dit l'ora-
« teur), que la fin de la réponse de Jona-
« thas à Saül. Je n'ai pas besoin de vous
« prouver que le Roi-martyr dont nous cé-
« lébrons la mémoire, n'avait pas mérité de
« terminer ses jours par une aussi déplora-

« ble catastrophe que celle qui y a mis fin...»

« C'est un juste tribut de louange et de
« gloire que nous aimons à lui payer; ce
« n'est pas une apologie que vous devez at-
« tendre de notre ministère ». Et il a ajouté
avec un accent profondément pénétré : « O
« toi qui lis dans les consciences, je te rends
« grâces, mon Dieu! de pouvoir mettre ici
« la mienne à nud devant toi. Prince mal-
« heureux! qui plus que moi t'a pleuré? qui
« plus que moi t'a rendu justice? pour qui
« le jour fatal dont nous sanctifions l'anni-
« versaire, a-t-il été davantage un jour de
« consternation et de deuil? Ce deuil est
« consacré désormais dans tous les âges. Si
« deux nations puissantes rivalisèrent de cri-
« me, elles rivaliseront aussi de repentir. Le
« même mois signala leur forfait : le même
« mois signalera leurs regrets expiatoires. »

L'Orateur, en suivant l'idée de son texte
qui, en effet, lui ouvrait un vaste champ, a
voulu que le Roi-martyr fût loué, en quelque
sorte, par lui-même, c'est-à-dire par la sim-
ple énumération de quelques-unes de ses
actions les plus saillantes et de ses paroles les
plus mémorables, aux diverses époques de son

règne. Il l'a pris à son avènement au trône,
On lui annonce la mort de son aïeul qui
l'appelle à la royauté. « O, mon Dieu, (s'é-
« crie-t-il), quel malheur pour moi ! » S'ef-
« fraïait-il de la charge et de la responsabi-
« lité du conducteur d'un grand peuple ?
« Ou avait-il déjà quelque pressentiment
« sinistre ? Etait-ce une de ces inspirations
« qui, pour être difficiles à expliquer, ne
« doivent pas être niées, et qui, à coup sûr,
« ne sont pas sans exemple ? »

En parcourant tout le bien qu'a fait
Louis XVI, le président du Consistoire ne
devait pas oublier sur-tout les immenses obli-
gations que lui ont eues ses sujets Protestans.
« Un long siècle de proscription pesait sur
« vous : au milieu de votre patrie, vous étiez
« sans patrie : au milieu de vos familles, sans
« famille ; vous ne pouviez être ni citoïens,
« ni fils, ni époux, ni pères. Absurde et
« cruelle législation que maintenaient le pré-
« jugé, l'intérêt malentendu du fisc, le fa-
« natisme et l'intolérance ! En vain le progrès
« des lumières sollicitait depuis long-temps
« votre réintégration dans des droits que
« vous n'aviez jamais mérité de perdre : la

« voix de la raison et de la justice n'a re-
« tenti qu'au cœur de Louis XVI; c'est lui
« qui a levé votre ban, qui a brisé vos
« liens; par lui la patrie vous a adoptés de-
« rechef, et l'édit qui vous rendait l'état civil,
« vous faisait pressentir le prochain retour
« de l'état religieux, que d'autres circonstan-
« ces ont achevé de vous donner, mais que
« vous eussiez indubitablement recouvré sans
« elles. »

Après avoir peint l'Amérique Septentrio-
nale réclamant Louis XVI pour libérateur,
pour vengeur, et, affranchie sous ses auspi-
ces, se plaçant au rang des grandes nations,
l'Orateur arrive à cette agitation des es-
prits, à cette fermentation des intrigues, qui
eurent pour résultat la convocation des Etats-
Généraux. Bientôt la séparation des ordres
menace ceux-ci d'une scission funeste. Le roi
se prononce pour leur réunion. « Je suis dé-
« terminé, (dit-il), à tous les sacrifices : A
« Dieu ne plaise qu'un seul homme périsse
« jamais pour ma querelle! »

La Révolution est là : « Vous ferai-je re-
« monter ici ce torrent si rapide qui nous a
« entraînés tous ? Quelle série de secousses,

« de catastrophes, d'horreurs ! » Si ce peuple qu'on égare, (dit le roi), « ce peuple dont « on m'assure que je suis aimé, quand on « veut me consoler de mes peines, si ce « peuple savait à quel point je suis malheu- « reux au récit de quelque nouvel attentat « contre les personnes ou les propriétés, il « m'épargnerait cette amertume. » Déjà, dans son propre palais, le monarque n'échappe plus aux insultes. Dans une scène d'atrocités marquante entre tant d'autres, « Sire, (lui dit dérisoirement un magistrat peu digne de ce caractère), vous n'avez rien à craindre. » Louis répond : « L'homme de bien qui a la con- « science pure, ne craint jamais » ; et pre- nant la main d'un soldat, « tiens, (ajoute- « t-il), mets-la sur mon cœur, et dis à cet « homme s'il bat plus vîte qu'à l'ordinaire. »

Le 10 août et tous ses exécrables résultats ne tardent pas à s'offrir aux pinceaux du panégyriste de Louis XVI. « O honte ! la dé- « fense de la meilleure des causes et du meil- « leur des Rois était devenue un trait de « courage héroïque et de dévouement ma- « gnanime. Honneur, immortel honneur à « l'éloquent *Desèze*, et à toi surtout, res-

« pectable *Malesherbes*, qui ne tardas pas,
« pour prix de ta fidélité, de courber toi-
« même ta tête septuagénaire sous la hache
« de la tyrannie ! »

L'Orateur retrace la première entrevue de *Malesherbes* et de *Louis XVI* dans la prison du Temple. « Votre sacrifice, (lui dit le
« Roi), est d'autant plus grand que vous ex-
« posez votre vie et que vous ne sauvez pas
« la mienne. N'importe, occupons-nous de
« mon procès, comme si je devais le gagner.
« Je le gagnerai en effet, puisque la mémoire
« que je laisserai , sera sans tache. »

La péroraison du plaidoyer de *Desèze* semble trop pathétique au Roi et il la lui fait supprimer : « Je ne veux pas, (dit-il), les
« attendrir. » L'auguste client paraît avec ses
« défenseurs à cette redoutable barre. *Desèze*
« promène lentement ses regards sur l'assem-
« blée, et s'écrie : « C'est vainement que je
« cherche parmi vous des juges ; je n'y vois
« que des accusateurs. » Rien ne persuade,
« rien n'émeut ces hommes, dont le Roi n'a-
« vait pas voulu la pitié, dont il n'avait pas
« espéré la justice. Pendant vingt-trois jours
« se prolongent les plus inconcevables dé-
« bats, et enfin, le 17 janvier, l'arrêt de

« mort est rendu, rendu sans appel au peu-
« ple, rendu à une faible majorité de cinq
« voix, pour être exécuté , sans sursis, le 21. »
Tout intéressant que sont dans le discours
de M. Marron, les détails intermédiaires, je
m'abstiens de les rapporter. Le 21 janvier,
à dix heures du matin, le sacrifice était con-
sommé. L'Orateur n'a pas manqué d'embellir
son discours des dernières paroles du Roi :
« Français, je meurs innocent; je pardonne
« à mes ennemis; je souhaite que ma mort
« soit utile à la France! »..... « Fils de
« Saint Louis, (s'écria son confesseur, saisi
« d'un religieux enthousiasme), fils de Saint
« Louis, montez au ciel! »
Je regrette tout ce que je supprime. L'O-
rateur s'est résumé dans un portrait de
Louis XVI, qu'il a terminé ainsi : « Chrétien
« dans le cœur et dans tous les détails de sa
« conduite, il aimait à signaler sa *foi* par
« cette *charité* que le Christ a déclaré en
« être *la livrée*, et Saint Paul *le lien de la*
« *perfection*; charité aussi expansive pour
« les pauvres qu'elle était généreuse envers
« ses persécuteurs et ses adversaires. Le tes-
« tament d'un ange qu'il a laissé après lui,

« subsiste comme un monument impérissable
« de ce dernier trait. »

Trois considérations principales ont formé
l'*application* de ce discours ; la première sur
le néant de la terrestre grandeur et la fragilité
des idoles du siècle même les plus encensées ;
la deuxième sur le danger des passions tur-
bulentes, haineuses, cupides, alors surtout
qu'elles se déguisent sous le masque de la
popularité et du patriotisme ; la troisième sur
l'inébranlable soutien qu'offre la religion,
même dans les plus grandes infortunes. Encore
sous ce dernier point de vue l'Orateur s'est
attaché à présenter le Roi-martyr en action ;
ce qui amène cette péroraison : « Si vous
« souffriez autant que moi, (disait Louis à
« l'un de ses défenseurs), et si vous aviez à
« mourir comme moi, je vous souhaiterais
« les mêmes sentimens de religion. » — Dans
« leurs derniers adieux, son épouse et sa sœur
« le félicitaient de la fin prochaine de ses souf-
« frances dans sa réunion à l'auteur de tout
« bien. Sa fille fondait en larmes ; elle poussait
« des cris perçans. « Ne pleurez pas, (disait
« Louis), nous nous reverrons dans un monde
« plus heureux. » Déjà la hache révolution-
« naire, ou une mort anticipée, menaçait d'au-

« tres augustes victimes. Mais déjà aussi le ciel
« leur souriait. Eperdue, Marie-Thérèse-Char-
« lotte est restée seule pour les honorer d'éter-
« nels regrets et pour se sanctifier par leurs
« épreuves. O Dieu ! assiste-la, soutiens-la au
« gré de ses besoins ! conserve-lui son second
« père ! ce Roi que tu nous a donné dans ton
« amour, qu'il vive pour elle, qu'il vive pour
« le bonheur des Français jusqu'à l'âge le plus
« avancé ! Amen ! »

Fort de choses, c'est-à-dire de faits, de
faits authentiques et bien choisis, tel est ce
discours auquel l'âge, la figure, l'organe et
l'accent de l'Orateur prêtaient un nou-
veau degré d'ascendant et d'onction. Je ne
dois pas oublier de vous dire que le discours
a été placé, selon l'usage de l'église Réformée,
entre deux chants, l'un et l'autre adaptés à
la circonstance et que l'assemblée suivait sans
peine, parce qu'ils étaient sur des airs de
psaumes très-connus : ces cantiques avaient
été distribués à tous les auditeurs, et je suis
persuadé, Messieurs, que vous ne serez pas
fâchés de les trouver joints à ma lettre, ainsi
que la lecture dont j'ai fait mention plus haut.
Agréez, Messieurs, toutes les salutations d'

Un de vos anciens abonnés.

LECTURE QUI A PRÉCÉDÉ LE DISCOURS.

Chrétiens, écoutez avec attention, respect et obéissance de foi quelques portions de l'Ecriture Sainte destinées à votre salutaire édification.

Première Epitre Cathol. de l'Apôtre Saint-Pierre, chap. II , v. 13 et suiv.

Soyez soumis, pour l'amour du Seigneur, à tout établissement humain ; au Roi, comme à celui qui est au-dessus des autres, et aux magistrats, comme à ceux qui sont envoyés de sa part pour punir les méchans et pour honorer les gens de bien ; car telle est la volonté de Dieu, que, par votre bonne conduite, vous fermiez la bouche à l'ignorance des hommes dépourvus de sens.

Vous êtes libres ; que votre liberté ne vous serve point de prétexte pour faire le mal, mais conduisez-vous comme des serviteurs de Dieu. Rendez honneur à tout le monde : aimez vos frères : craignez Dieu : honorez le Roi. Domestiques, soyez soumis à vos maîtres avec toute sorte d'égards, non-seulement à ceux qui sont bons et équitables, mais aussi à ceux qui sont d'une humeur difficile ; car c'est une chose agréable à Dieu, lorsque, par un motif de conscience, on endure de mauvais traitemens et qu'on souffre sans l'avoir mérité. En effet, serait-ce une gloire pour vous de souffrir patiemment d'être battus, si c'était pour vos fautes ? Mais si, en faisant votre devoir, vous êtes maltraités, et que vous le souffriez patiemment, c'est à cela que Dieu prend plaisir. Vous êtes appellés à cela, puisque Christ lui-même a souffert pour nous, nous laissant un exemple, afin que vous suiviez ses traces ; lui qui n'a point commis de péché et dans la bouche duquel il ne s'est trouvé aucune parole trompeuse ; qui, lorsqu'on le chargeait d'injures, n'en rendait point, et qui, lorsqu'on le maltraitait, n'usait point de menaces, mais s'en rapportait à celui qui juge justement.

Evang. selon Saint-Matthieu, ch. xxi, v. 33 et suiv.

(Jésus dit :) Écoutez cette similitude. Un père de famille planta une vigne ; il l'environna d'une haïe ; il creusa pour y faire un pressoir ; il y bâtit une tour, et ayant loué sa vigne à des vignerons, il partit pour un voïage. Quand le temps de la vendange fut proche, il envoya des serviteurs aux vignerons, pour recevoir d'eux les fruits de sa vigne. Mais les vignerons s'étant saisis de ses serviteurs, battirent l'un, tuèrent l'autre, et en chassèrent un autre à coups de pierre. Il leur envoya encore des serviteurs en plus grand nombre que les premiers, et ils les traitèrent de même. Enfin il leur envoya son fils, disant : ils auront du respect pour mon fils. Mais les vignerons voyant le fils dirent entr'eux : voici l'héritier ! venez, tuons-le et emparons-nous de son héritage ; et, s'étant saisis de lui, ils le jetèrent hors de la vigne et le tuèrent. Quand donc le maître de la vigne sera venu, que fera-t-il à ces vignerons ? ils lui répondirent : il exterminera ces méchans, et il louera sa vigne à d'autres vignerons, qui lui en donneront les fruits dans la saison. Jésus leur dit : n'avez-vous jamais lu ces paroles de l'Ecriture ? La pierre, rejetée par ceux qui bâtissaient, est devenue la principale pierre de l'angle. C'est l'ouvrage du Seigneur ; nous le voyons avec admiration.

Suivent quelques passages épars de l'Ecriture de l'ancien Testament. (1)

La miséricorde et le pardon appartiennent au Seigneur notre Dieu : car nous nous sommes rebellés contre lui; nous n'avons point écouté la voix de l'Eternel notre Dieu, pour suivre les lois qu'il nous a tracées par le ministère de ses serviteurs les prophètes. (*Dan.* IX, 9, 10.)

Châtie-moi, ô Eternel! mais non pas avec rigueur, ni dans ta colère, de peur que je ne sois réduit à l'extrémité. (*Jér.* X, 24.)

N'entre point en jugement avec ton serviteur; car nul homme vivant n'est juste à tes yeux. (*Ps.* CXLIII, 2.)

Tu es juste, ô Eternel! et tes jugemens sont droits. (*Ps.* CXIX, 137.)

Pourquoi les peuples forment-ils de vains complots? ceux qui gouvernent se sont ligués contre l'Eternel et contre son Oint. (*Ps.* II, 2.)

J'ai entendu les calomnies de la multitude; la frayeur m'a saisi lorsqu'on a tenu contre le

---

(1) A l'exemple de la liturgie Anglicane, on y a réuni quelques passages fournis par les livres apocryphes.

juste des conseils secrets, et qu'on a cherché les moïens de lui ôter la vie. (*Ps.* XXXI, 14.)

O Dieu! le méchant et le prévaricateur ont ouvert la bouche contre moi; ils m'attaquent de toute part par des discours pleins de haîne: ils me font la guerre sans cause; ils ne répondent à mon amitié qu'en me traitant en ennemi. (*Ps.* CIX, 2, 3, 4.)

Celui-là même avec qui je vivais en paix, à qui je me confiais le plus, qui mangeait à ma table, m'a insolemment outragé. (*Ps.* XLI, 10.)

Mes adversaires ont dit : Dieu l'a abandonné; poursuivons-le, saisissons-le, car il n'y a personne pour le délivrer. (*Ps.* LXXI, 10.)

Quand mourra-t-il? Quand son nom périra-t-il? (*Ps.* XLI, 6.)

De faux témoins se sont élevés contre moi; ils m'ont imputé des choses dont je n'avais aucune connaissance; il n'y a que deuil pour mon ame. Des gens de néant ont conspiré pour me nuire, ils grincent les dents contre moi; ils se joignent à ceux qui insultent à ma détresse. (*Ps.* XXXV, 11, 12, 15, 16.)

Voilà le fruit des péchés de Jérusalem! ses prophètes et ses sacrificateurs y ont répandu le sang innocent! saisis d'une aveugle fureur, ils ont erré dans les rues, couverts de sang; on ne pouvait toucher leurs habits sans en être souillé. Quand on les voïait courir çà et là, retirez-vous! retirez-vous! criait-on. — La marche de nos persécuteurs a été plus rapide que le vol de l'aigle. (*Lam.* iv, 13, 14, 19.)

Mais toi, ô Eternel! tu règnes à jamais. Pourquoi nous oublierais-tu pour toujours? Que nos jours nouveaux deviennent comme les jours anciens! (*Lam.* v, 19, 21.)

O mon ame! n'entre point dans le conseil des pervers. (*Gén.* 49, 6.)

Les insensés! ils croyaient que sa vie était une folie et que sa mort serait couverte d'opprobre : comment arrive-t-il qu'il soit mis au rang des enfans de Dieu, et qu'il possède l'héritage des saints? (*Sap.* v, 5.)

La mort des justes n'est point un malheur pour eux, ni leur séparation d'avec nous leur destruction; ils sont en paix : si aux yeux des hommes ils semblent avoir été punis, leur espérance est pleine d'immortalité. Dieu les a éprouvés et il les a trouvés dignes de lui. (*Sap.* iii, 2, 3, 4, 6.)

CANTIQUES

POUR LE SERVICE FUNÈBRE

DE L'ANNIVERSAIRE

DE LA MORT DE LOUIS XVI.

PRÉMIER CHANT.

EXTRAIT DU PSAUME LI : *Miséricorde et grâce ô Dieu, etc.*

MISÉRICORDE, ô Dieu puissant des Cieux!
Quel crime, hélas! réclame ta clémence!
Mais dans ton Christ, Seigneur, elle est immense;
Lave en son sang ce forfait odieux.
Dieu de bonté! purifie avec soin
De nos péchés la tache si profonde.
Répands sur nous, dans ce pressant besoin,
Toute la grâce où notre espoir se fonde.

Mon cœur, saisi de tristesse et d'effroi,
Connaît sa faute, il sent qu'elle est énorme :
Cet attentat, sous sa plus laide forme,
Me suit partout et partout je le vai.

Je sens mes os brisés par ton courroux.
Parle de paix à mon cœur qui t'en prie.
Je suis guéri, Seigneur, si tu m'absous,
Et ton salut va me rendre la vie.

Le sacrifice agréable à tes yeux,
C'est le regret d'une âme pénitente.
Lorsqu'en toi seul on place son attente,
Oui, cet espoir encor t'est précieux.
Rends pour jamais à Sion ta bonté !
Sauve ton Oint où brille ton image !
Ton peuple entier, ta fidèle cité,
Avec transport embrassent ce présage.

SECOND CHANT.

Sur l'air du psaume 130 : *Au fort de ma détresse, etc.*

Aux autels prosternée,
Grand Dieu ! la France en deuil,
Tremblante et consternée,
Gémit près d'un cercueil.
Quand ta voix nous l'ordonne,
Ton peuple en toi bénit
Et le Dieu qui pardonne,
Et le Dieu qui punit.

Aux factions livrée,
Dans nos jours de douleur
Une tête sacrée
Épuisa leur fureur :

Puisse de la victime
Qui tomba sous leurs coups,
Le pardon magnanime
Désarmer ton courroux!

Mais, dans ta grâce immense,
A l'oubli des forfaits,
Pour nous, Dieu de clémence,
S'unissent les bienfaits :
Que LOUIS, notre père,
Du plus pur dévoûment,
Sur les cendres d'un frère,
Reçoive le serment!

Déjà notre patrie
Voit les jours du repos;
Cette terre chérie
Respire de ses maux :
Par tes lois adorables
Forts, si tu les défends,
Ah! tes enfans coupables
Sont encore tes enfans.

FIN